La science dans mon monde : niveau 1

Comment fonctionne la météo

Patricia Armentrout

Un livre de la collection
Les jeunes plantes de Crabtree

Crabtree Publishing
crabtreebooks.com

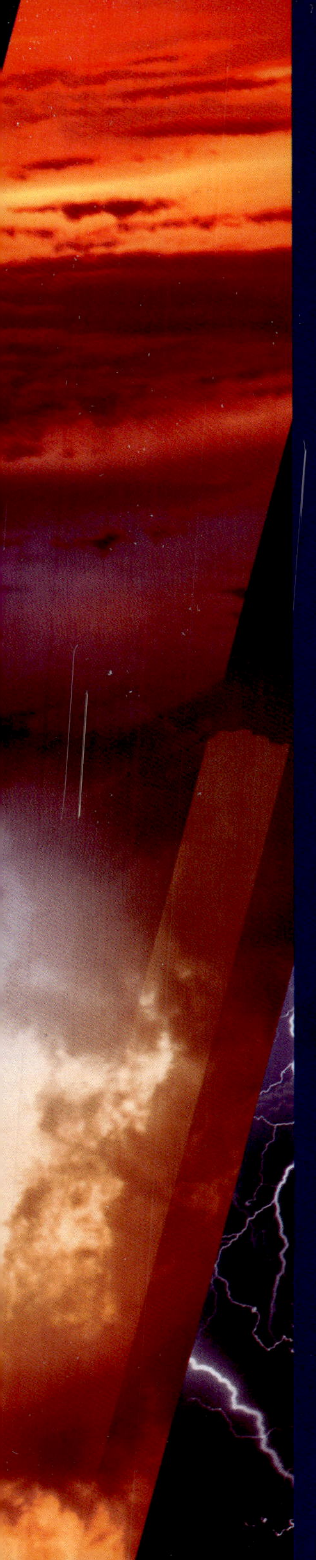

Table des matières

La météo

Parfois, il fait nuageux et froid.
Parfois, il fait soleil et chaud.

Parfois, il pleut ou il neige. C’est la **météo**.

Les nuages

Il y a des gouttelettes d'eau dans l'air que nous respirons.

Pour en savoir plus

Les gouttes d'eau dans l'air sont si petites que tu ne peux pas les voir — à moins de regarder les nuages.

Des nuages se forment quand l'air chaud **monte** et se refroidit.

Les nuages peuvent être de différentes formes et couleurs.

Les minces nuages blancs et hauts dans le ciel signifient souvent du beau temps.

Les gros nuages cotonneux flottent plus bas dans le ciel. Ils peuvent annoncer un temps changeant.

Les nuages très bas et foncés apportent de la pluie.

Les **éclairs** surviennent quand l'électricité se déplace entre les nuages ou entre les nuages et le sol.

Le **tonnerre** est le fort grondement que tu entends après l'éclair.

Le vent

Le vent est de l'air en mouvement. Le vent fait bouger les choses comme les nuages.

Pour en savoir plus

Le mouvement des nuages change le temps qu'il fait partout dans le monde.

Le beau temps apporte
parfois des vents légers.

Les vents légers sont agréables. Ils nous rafraîchissent et peuvent être amusants.

Les vents forts peuvent arriver soudainement avec une tempête.

Les **ouragans** et les **tornades** produisent les vents les plus forts sur la Terre.

Ils peuvent endommager des bâtiments.

La météo et les saisons

Nous **divisons** l'année en quatre saisons :

Chaque saison a une météo différente.

Le printemps apporte de la pluie.
L'été est la saison la plus chaude.

La température de l’automne est fraîche.
Elle fait tomber les feuilles des arbres.

L’hiver apporte les journées froides et la neige.

GLOSSAIRE

divisons (di-vi-zon) : Séparer en parties

éclairs (é-clair) : La lumière vive produite quand l'électricité bouge entre les nuages ou entre un nuage et le sol

météo (mé-té-o) : Les conditions quotidiennes de l'air extérieur

monte (mon-te) : Se déplace vers le haut

ouragans (ou-ra-gan) : Une tempête de vents forts qui tournent

tonnerre (to-nèr) : Le grondement fort qui vient après un éclair

tornades (tor-nad) : Des colonnes de forts vents qui tournent et commencent par un nuage foncé en forme d'entonnoir

INDEX

Soutien de l'école à la maison pour les parents, les gardiens et les enseignants

Ce livre aide les enfants à se développer grâce à la pratique de la lecture. Voici quelques exemples de questions pour aider le lecteur ou la lectrice à développer ses capacités de compréhension. Les suggestions de réponses sont indiquées en rouge.

Avant la lecture

- **De quoi ce livre parle-t-il?** *Je pense que ce livre explique le fonctionnement de la météo. Je pense que ce livre parle du soleil et des éclairs.*
- **Qu'est-ce que je veux apprendre sur ce sujet?** *Je veux savoir pourquoi la météo change chaque jour. Je veux apprendre d'où vient la pluie.*

Pendant la lecture

- **Je me demande pourquoi...** *Je me demande pourquoi il y a des gouttelettes d'eau dans l'air que nous respirons. Je me demande pourquoi il existe de si nombreux types de nuages.*
- **Qu'est-ce que j'ai appris jusqu'à présent?** *J'ai appris que les minces nuages blancs et hauts dans le ciel signifient habituellement du beau temps. J'ai appris que les nuages foncés et bas apportent de la pluie.*

Après la lecture

- **Nomme quelques détails que tu as retenus.** *J'ai appris que le tonnerre est le grondement fort que j'entends après un éclair. J'ai appris que le vent est de l'air en mouvement qui peut faire bouger les nuages.*
- **Lis le livre à nouveau et cherche les mots du glossaire.** *Je vois le mot **éclairs** à la page 12 et le mot **ouragans** à la page 19. Les autres mots du glossaire se trouvent à la page 23.*

Crabtree Publishing

crabtreebooks.com 800-387-7650

Version imprimée du livre produite conjointement avec Blue Door Education en 2021.

Catalogage avant publication de Bibliothèque et Archives Canada

Titre: Comment fonctionne la météo / Patricia Armentrout ; texte français d'Annie Eveарts.
Autres titres: How weather works. Français.
Noms: Armentrout, Patricia, auteur.
Description: Mention de collection: La science dans mon monde : niveau 1 | Les jeunes plantes de Crabtree | Traduction de : How weather works. | Comprend un index.
Identifiants: Canadiana (livre imprimé) 20210265701 | Canadiana (livre numérique) 20210265728 | ISBN 9781039609204 (couverture souple) | ISBN 9781039609273 (HTML) | ISBN 9781039609341 (EPUB)
Vedettes-matière: RVM: Temps (Météorologie)—Ouvrages pour la jeunesse. | RVM: Météorologie—Ouvrages pour la jeunesse. | RVMGF: Documents pour la jeunesse.
Classification: LCC QC981.3 .A7614 2022 | CDD j551.6—dc23

Publié au Canada par Crabtree Publishing
616 Welland Avenue
St. Catharines, Ontario
L2M 5V6

Publié aux États-Unis par Crabtree Publishing
347 Fifth Avenue
Suite 1402-145
New York, NY 10016

Autrice : Patricia Armentrout
Traduction : Annie Evearts

Références photographiques : Shutterstock.com. Couverture – icônes de météo © Thomas Amby, (photo de la couverture) © Dmytro Balkhovitin; titre : IgorZh. p. 4-5©GM Vosd, Olga Sapeino; p. 6-7 © Photoongraphy; p. 6-7 © Serg64; p. 8-9 © Austin's Legacy Images; p. 10-11 © Jaros, Piotr Tominicki; p. 12-13 © 2009 fotofriends; p. 14-15 © MilousSK; p. 16-17 © Felix Mizioznikov, Alena Ozerova; p. 18-19 © Oiotr Tominicki, Delmas Lehman, p. 19 (dommages causés par une tornade) © John Wollwerth; p. 20 © photobark.kiev.ua; p. 21 Miroslav Hlavko, Maresol; p. 22 © Floris Sloof, Lou99. Toutes les images proviennent de Shutterstock.com

Paperback 973-1-0396-0920-4
Ebook (pdf) 978-1-0396-0927-3
Epub 978-1-0396-0934-1
Read-along 978-1-0398-0458-6
Audio book 978-1-0396-6737-2

Imprimé au Canada/102024/CP20241002